I0398979

www.ingramcontent.com/pod-product-compliance
Lightning Source LLC
Chambersburg PA
CBHW081711100526
44590CB00022B/3737
9781739825232

أجوبة المسائل

بسم الله الرحمن الرحيم

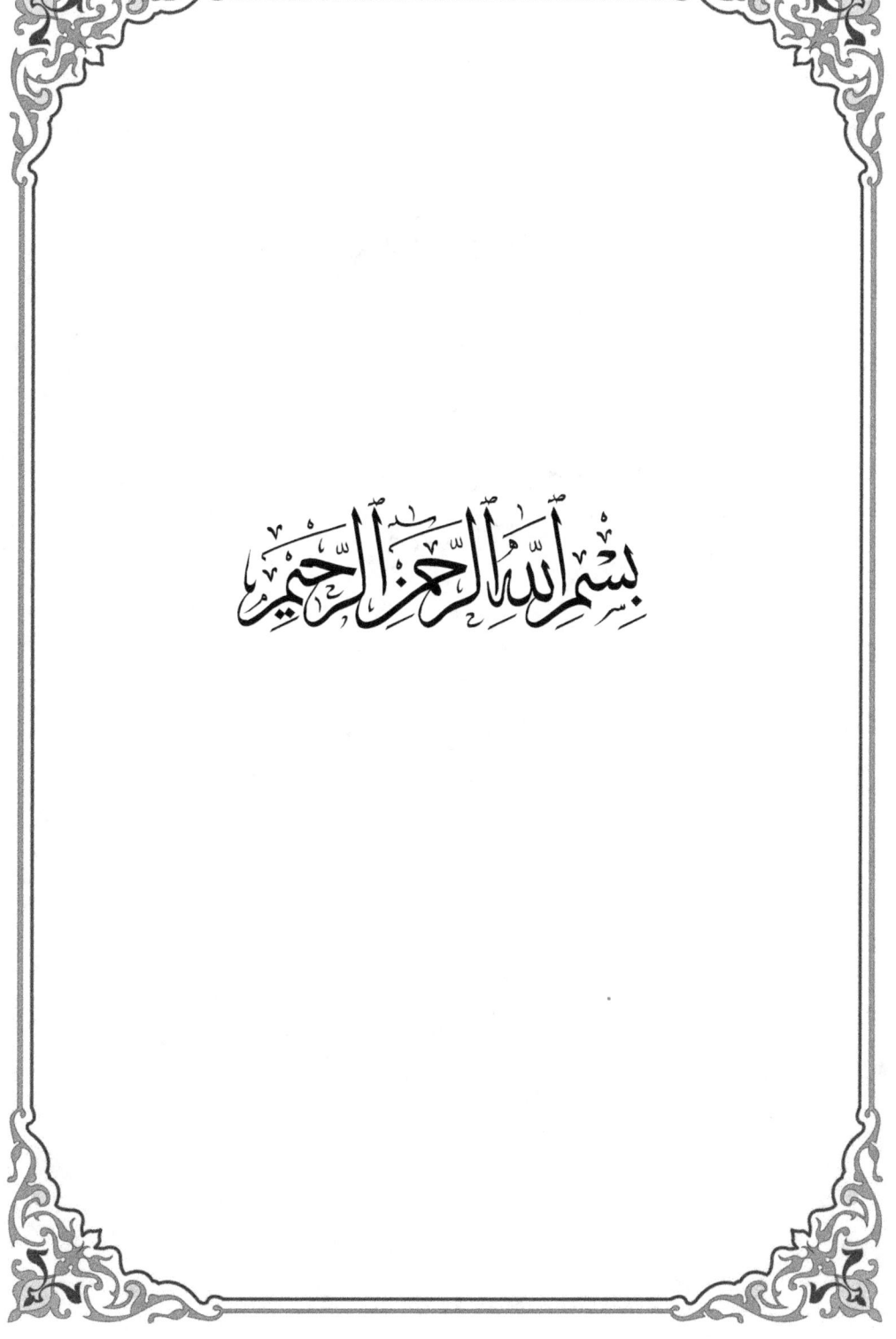

أجوبة المسائل

تأليف

الناصر لدين الله أبي الفتح بن الحسين الديلمي

المتوفى سنة 444هـ

تحقيق

جمال الشامي

دار النضيري للدراسات والنشر

أجوبة المسائل
أبو الفتح الديلمي (مؤلف)
جمال الشامي (محقق)
51 صفحة، (تحقيقات تراثية 1)
17×24

ISBN: 2-3-7398252-1-978

«الآراء التي يتضمنها الكتاب لا تعبر بالضرورة عن وجهة نظر الدار».

جميع الحقوق محفوظة
لا يسمح بإعادة إصدار أو طبع أو نشر هذا الكتاب أو أي جزء منه أو تخزينه في نطاق استعادة المعلومات أو نقله بأي شكل من الأشكال دون إذن خطي سابق من دار النضيري للدراسات والنشر
الطبعة الأولى: 1443هـ-2022م

دار النضيري للدراسات والنشر

دار النضيري للدراسات والنشر
الموقع الإلكتروني:
https://www.daralnadhiri.com
البريد الإلكتروني:
daralnadhiri@gmail.com
هاتف: 911682 7961 44+
لندن- المملكة المتحدة

المحتويات

المقدمة.. 11

التعريف بالإمام أبي الفتح الديلمي 13

نسبه ومولده: 13

تراثه الفكري: 13

وفاته:.. 13

نماذج المخطوط: 14

نص أجوبة المسائل 21

مسائل الشريف القاسم بن العباس 23

[ترك الصلاة]:.. 23

[الانقطاع عن الصلاة لعلة]:................................. 23

[صلاة العيد]: 23

[قوله -تعالى-: ﴿وَآتُواْ حَقَّهُ يَوْمَ حَصَادِهِ﴾]:................ 23

[زكاة العلف]:.. 23

[إعطاء أولاد المشركين من الزكاة]: 24

[ضبط لفظة النجس والجلاية]: 24

[المتاجرة بالوديعة]:... 24

[ما يلزم الضمان عند موت المضمون]: 24

[رواية: ((لا وصية لوارث))]: 24

[جهالة المرجع الديني]:	24
[صفات المهدي]:	25
[وجوب طهارة الفرجين]:	25
[وجوب المضمضة والاستنشاق]:	25
[وجوب الغسل ثلاثاً]:	25
[وقت الطهارة للصلاة]:	25
[الاستعانة بالغير في الوضوء]:	25
[تربيع التكبير]:	25
[مسح بعض الرأس]:	25
[اللباس في الصلاة]:	26
[الأوقات المنهي عنها للصلاة]:	26
[اتجار الإمام في رعيته]:	26
[محو اسم النبوة في الحديبية]:	26
[الشهادة بالعفو عن الدم ثم الرجوع عنها]:	26
[عن زواج أولاد آدم]:	27
[مسائل الشريف زيد بن علي بن الحسين]	28
[الملأ]:	28
[طالوت وتسميته]:	28
قوله -تعالى-: ﴿وَفَضَّلَ اللَّهُ الْمُجَاهِدِينَ عَلَى الْقَاعِدِينَ﴾:	28
[الاصطفاء]:	29
[الكلام الذي سمعه موسى]:	29
[علة استحقاق الدية في البصر والسمع والعقل والصوت]:	29
[قضاء أمير المؤمنين في أصحاب الزبية]:	29
[عن قول النبي -صلى الله عليه-: ((لا يترك في الإسلام مفرج))]:	30

[ما روي من تلطيخ أغيلمة بني عبد المطلب]: 30
[عن قول النبي - صلى الله عليه -: ((من اطلع في بيت بغير إذن فقد دمر))]: 30
[عن قوله النبي - صلى الله عليه -: ((لا تقتلوا العسفاء ولا الوصفاء))]. 31
[النهي عن القرع]: 31
[عن حفر بئر في الطريق وهلاك رجل فيها]: 31
[تولية أمير المؤمنين المدينة وعمرو بن العاص]: 31
مسائل عبيد بن يزيد الهزاني 32
[الدليل على وحدانية الله - تعالى -]: 32
[حقيقة القِدَم]: 32
[العرجون القديم]: 32
[الدليل على كونه - تعالى - حياً]: 32
[وجوه الحياة]: 32
[حقيقة الغني]: 33
[حقيقة العدل]: 34
[المعدل]: 34
[حقيقة الصدق]: 34
[النبوة]: 34
[اختيار الله بعض البشر على بعض]: 35
[العصمة]: 35
[طاعات الأنبياء]: 36
[تصحيح دعوى النبوة]: 36
[منصب الإمامة]: 36
[قوله تعالى عن عيسى: ﴿وَجَعَلَنِي نَبِيًّا﴾]: 37
[الحواس]: 37

[إدراك الحواس]:	37
[أصل الجهة]:	37
[حقيقة الأجسام]:	38
[أهمية الأعراض]:	38
[معرفة الأجسام بالأعراض]:	38
[القرآن]:	38
[النهي عن زواج الفساق]:	38
[أول خلق الله تعالى]:	39
[التوسعة على الكافر في الدنيا]:	39
[إخراج الزكاة]:	39
[أصل الصيام]:	39
[حقيقة الحج]:	40
[حقيقية الصوت]:	40
[أصول الدين]:	40
[حاسة الحفظ والذكر]:	40
[وجود الجوهر]:	41
[حقيقة التغير في الماء]:	41
اختصار جواب مسائل الشريف القاسم بن العباس	42
[التفاضل في معرفة التوحيد]:	42
[ما لا يسع جهله من أصول الدين]:	42
[أفعال العباد]:	42
[قدرة الله تعالى]:	42
[الموت]:	42
[اقتضاء العلة والسبب]:	42

[التفاضل في الأرزاق بين العقلاء]:	42
[التفاضل في العقول]:	43
[طاعة الله ومعصيته]:	43
[أفعال الله تعالى وأفعال عباده]:	43
[الإخلاص]:	43
[التوفيق والتسديد]:	43
[الرعب]:	43
[قوله تعالى: ﴿وَيُنَزِّلُ مِنَ السَّمَاءِ مِن جِبَالٍ فِيهَا مِن بَرَدٍ﴾]:	44
[الآفات]:	44
[عتق الفاسق والأشل والصبي والمجنون]:	44
[اللغو]:	44
[قوله - تعالى-: ﴿وَالنَّازِعَاتِ غَرْقًا﴾]:	44
[النبوة والإمامة]:	45
[النعاس]:	45
[الكتب]:	46
[النص على أمير المؤمنين]:	46
[الأخذ من أصناف الزكاة]:	46
[الدين المنفق في المعصية]:	47
[وجوب الزكاة والخراج في نجران]:	47
[ما يفسد الصيام]:	47
[الحج عن الغير]:	47
[ترك الحج مع الاقتدار عليه]:	47
[خطأ المستأجر في الحج]:	47
[طلاق السكران]:	47

[المخالعة من زواج فاسد]:	48
[الزواج بامرأة حامل]:	48
[زواج العربية من غير العربي]:	48
[عجز المظاهر عن الكفارة]:	48
[سقوط الحضانة عن الأم]:	48
[بيع المضامين والملاقيح]:	48
[بيع الحاضر بالغائب]:	49
[نجاسة الحربي والذمي والمشبه والمجبر]:	49
[الطهارة بغير الماء]:	49
[ما يوجب الضمان]:	49
[أيمان البيعة]:	50

المقدمة

الحمد لله رب العالمين والصلاة والسلام على خاتم الأنبياء والمرسلين سيدنا محمد وعلى أهل بيته الطيبين الطاهرين.

وبعد:

فهذه مجموعة من المسائل المقدمة من الشريفين القاسم بن العباس وزيد بن علي بن الحسين وعبيد بن يزيد الهزاني، إلى الإمام الناصر أبي الفتح الديلمي – المتوفى سنة 444هـ –، وقد اشتملت المسائل الأولى المقدمة من الشريف القاسم (25) سؤالاً في الفقه وبعض مسائل أصول الدين، ومسائل الشريف زيد بن علي (15) سؤالاً في التفسير والفقه وبعض مسائل أصول الدين، ومسائل عبيد بن يزيد (34) سؤالاً في أصول الدين والفقه، ومسائل الشريف القاسم الأخرى المختصرة (41) سؤالاً في أصول الدين والتفسير والفقه.

وليس المذكور كل المسائل وإنما ما أمكن ظهوره من المخطوط؛ لأن النسخة المعتمدة تعاني من اختلالات عديدة في التصوير والتآكل وعدم الظهور، فكان الواجب الاستفادة من الممكن ومحاولة ترجيح ما خفي والتوقف عند الخفاء الجلي لبعض النصوص، والمخطوط مصور من المكتبة البريطانية – قسم المجموعات الشرقية والمكتبة الهندية، ويقع في (12) صفحة، ورغم صغر حجمه إلا أن فيه أنظاراً للإمام أبي الفتح الديلمي وهو أحد رموز الفكر الإسلامي والمذهب الزيدي وبلاد اليمن كونه تولى الإمامة فيها.

أرجو أن يكون النشر الحالي للمسائل مؤد للغرض أو لبعضه على أمل الحصول على نسخة أخرى مكتملة منها، فنشر ما أمكن أفضل من عدمه، والحمد لله أولاً وأخيراً، وآخر دعوانا أن الحمد لله رب العالمين، وصلى الله على سيدنا محمد وآله الطاهرين.

الجمعة 29 شعبان 1443هـ.

1/ 4/ 2022م.

التعريف بالإمام أبي الفتح الديلمي

نسبه ومولده:

هو أبو الفتح بن الحسين بن محمد بن عيسى بن محمد بن عبد الله دردار بن أحمد بن عبد الله بن علي بن الحسن بن زيد بن الحسن بن علي بن أبي طالب عليهم السلام، الأبهري، الناصر لدين الله، إمام اليمن[1].

مولده في غير اليمن، لعله بـ(أبهر) من بلاد فارس، ونشأ في ظل أسرة علمية وقيادية، وقام بالدعوة بالإمامة في (الديلم) ولم يستتب له الأمر، ثم خرج إلى أرض اليمن، ودعا سنة 430هـ، واستولى على أكثر بلاد مذحج وهمدان وخولان، واختط ظفار، وانقادت له العرب، وحارب الجنود الظالمة من المتمردة والقرامطة[2].

تراثه الفكري:

كان غزير العلم، وافر الفهم، له تصانيف تكشف عن علو منزلته وارتفاع درجته، منها: البرهان في تفسير القرآن، والرسالة المبهجة في الرد على الفرقة الضالة المتلجلجة، والدعوة، ومسائل الشريفين.

وفاته:

بعد حياة حافلة بالجهاد والاجتهاد توفاه الله شهيداً على يد الصليحي بـ(ذمار) اليمن سنة 444هـ، وقبره بـ(ردمان) من بلاد عنس[3].

---

(1) المجدي في أنساب الطالبيين ص220.
(2) الشافي ج1ص925.
(3) الحدائق الوردية في مناقب أئمة الزيدية ج2ص195.

نماذج المخطوط:

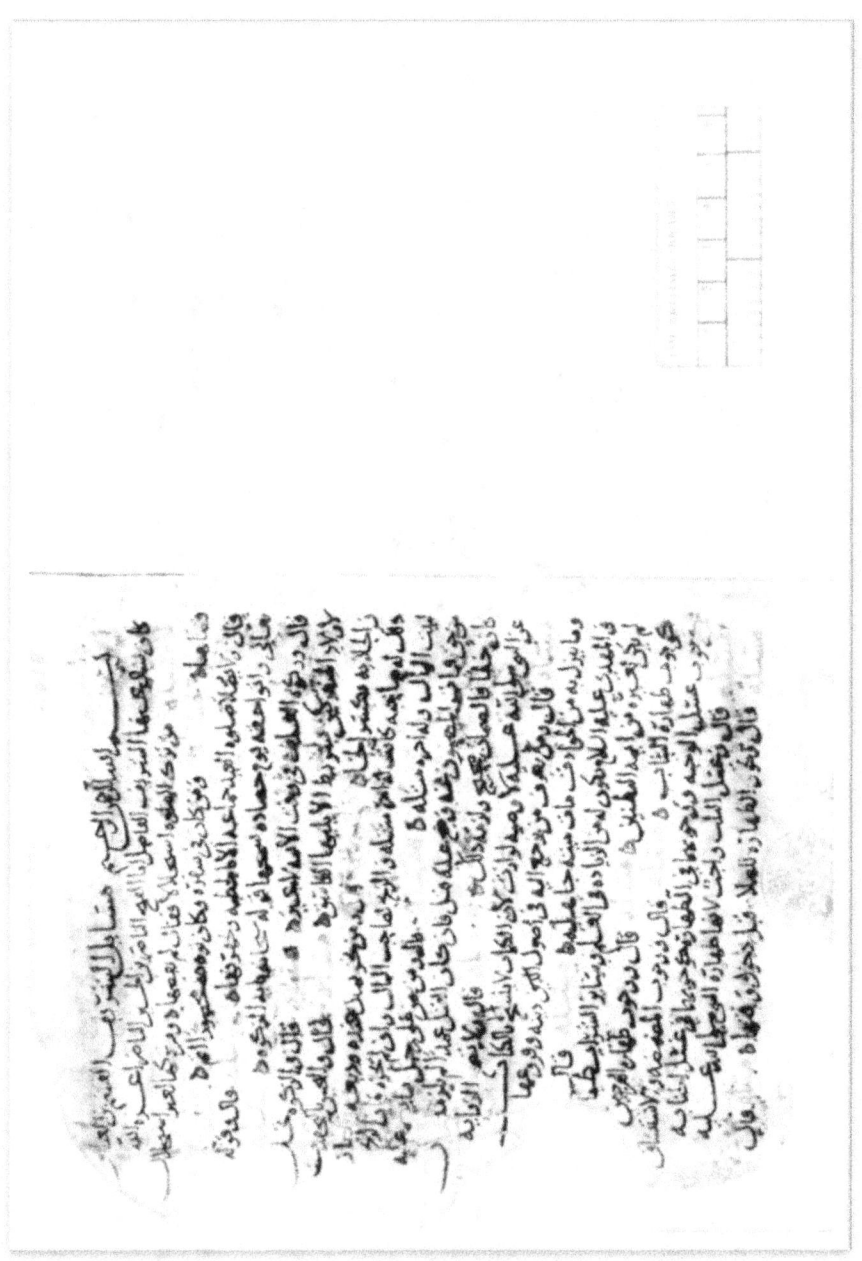

أول المخطوط

نماذج المخطوط:

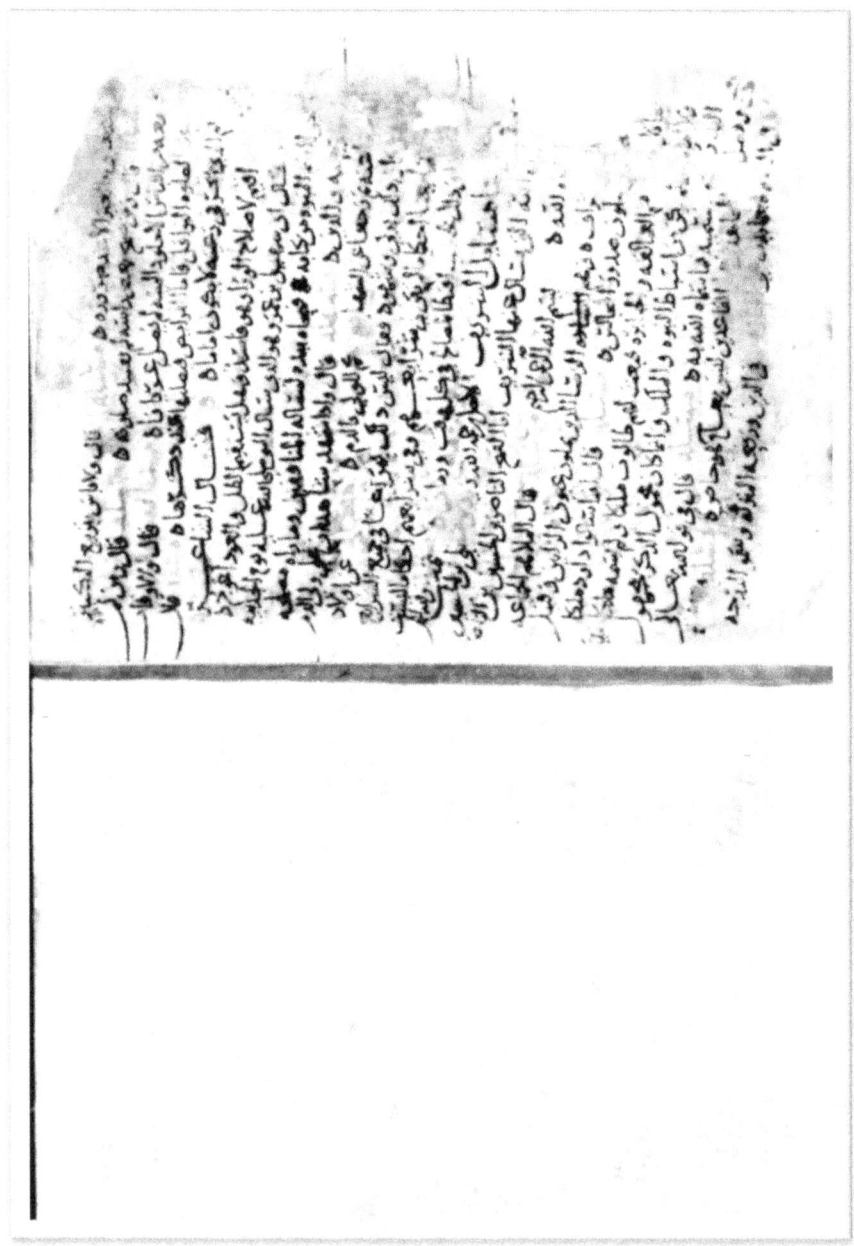

نماذج المخطوط:

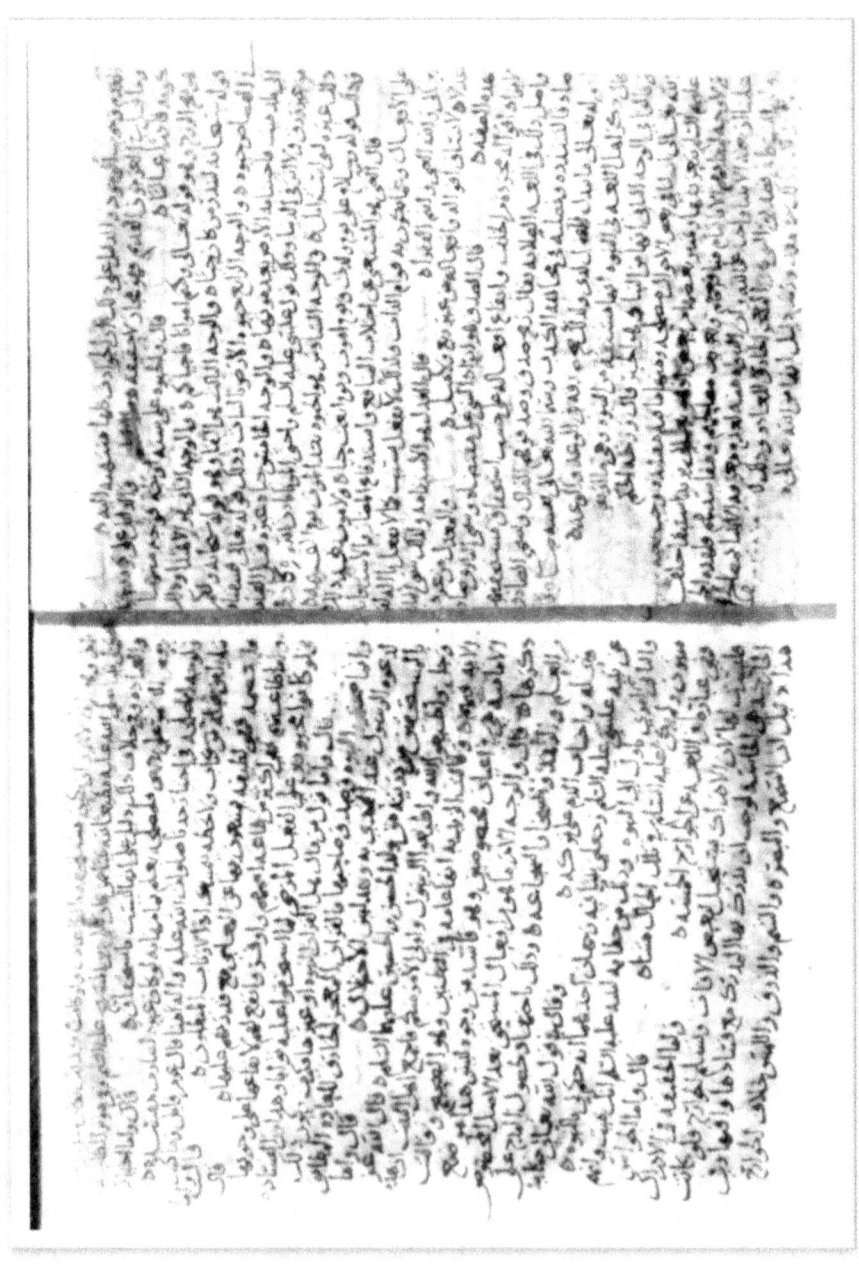

نماذج المخطوط:

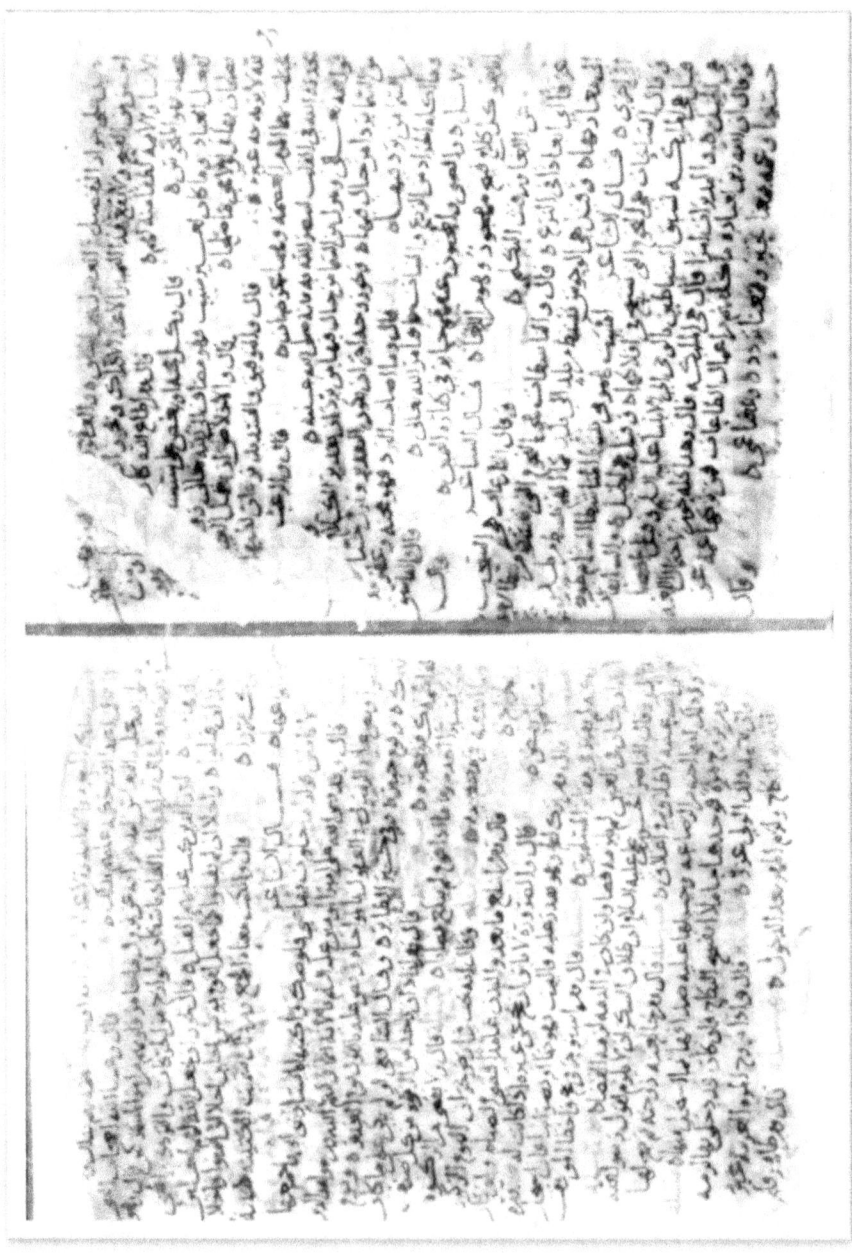

آخر المخطوط

نص أجوبة المسائل

بسم الله الرحمن الرحيم

مسائل الشريف القاسم بن العباس

كان سأل عنها الشريف الفاضل أبا الفتح الناصر بن الحسين الناصر -أعزه الله-.

[ترك الصلاة]:

1- **مسألة**: من ترك الصلاة استحلالاً؟

فقال: لم يقضها؛ ومن تركها لغير استحلالٍ قضاها.

[الانقطاع عن الصلاة لعلة]:

2- **مسألة**: ومن كان في سفره وكان توقف محصوراً[4]، أتمَّ.

[صلاة العيد]:

3- **مسألة**: قال: ولا يُصلى صلاة العيد جماعة إلا بالخطبة، ويجهر بها.

[قوله -تعالى-: ﴿وَآتُواْ حَقَّهُ يَوْمَ حَصَادِهِ﴾]:

4- **مسألة**: قال: وقوله -تعالى-: ﴿وَءَاتُواْ حَقَّهُۥ يَوْمَ حَصَادِهِۦ﴾[5]، نسخها قوله سبحانه بآية الزكاة.

[زكاة العلف]:

5- **مسألة**: قال: وزكاة العلف في وقت الأئمة لا غير.

---

(4) الحصر: الحبس.

(5) الأنعام: 141.

[إعطاء أولاد المشركين من الزكاة]:

6- مسألة: قال: والزكاة تحل لأولاد المشركين بشرط ألا يليها الفاسق.

[ضبط لفظة النجس والجلاية]:

7- مسألة: قال: والنجس بالتخفيف، والجِلاية بكسر الجاء.

[المتاجرة بالوديعة]:

8- مسألة: قال: ومن تجر بمال عنده وديعة فأجاز ذلك له صاحبه كانت له أجرة مثله، والربح لصاحب المال، وإن لم يجزه فإن الربح لبيت المال، وله أجرة المثل.

[ما يلزم الضمان عند موت المضمون]:

9- مسألة: قال: ومن ضمن على رجل بما يصح عليه من حق، فمات المضمون عنه وصح عليه قتل، فإن كان القتل عمداً لم يلزمه، وإن كان خطأً فالضمان صحيح ولزمه ذلك.

[رواية: ((لا وصية لوارث))]:

10- مسألة: قال: ولا تصح الرواية عن النبي -صلى الله عليه-: ((لاَ وَصِيَّةَ لِوَارِثٍ))؛ لأن الكتاب لا ينسخ إلا بالكتاب(6).

[جهالة المرجع الديني]:

11- مسألة: قال: ومن لا يعرف من يرجع إليه في أصول دينه وفروعها، وما ينزل به من الحوادث مات ميتة جاهلية.

---

(6) خلافاً لمن يرى نسخه بالسنة.

[صفات المهدي]:

12 - مسألة: قال: والمهدي -عليه السلام- يكون له من الزيادة في العلم وسائر الشرائط ما لم يكن لغيره من أئمة البطنين.

[وجوب طهارة الفرجين]:

13 - مسألة: قال: ووجوب طهارة الفرجين كوجوب طهارة الثياب.

[وجوب المضمضة والاستنشاق]:

14 - مسألة: قال: ووجوب المضمضة والاستنشاق كوجوب غسل الوجه، ووجوبهما في الطهارة كوجوبهما في غسل الجنابة.

[وجوب الغسل ثلاثاً]:

15 - مسألة: قال: وغسل الثلاث واجب؛ لأنها طهارة النبي -صلى الله عليه-.

[وقت الطهارة للصلاة]:

16 - مسألة: قال: وتكون الطهارة للصلاة قبل دخول وقتها.

[الاستعانة بالغير في الوضوء]:

17 - مسألة: قال: لا يستعان بالغير إلا عند الضرورة.

[تربيع التكبير]:

18 - مسألة: قال: ولا بأس بتربيع التكبير.

[مسح بعض الرأس]:

19 - مسألة: قال: ومن مسح بعض رأسه لم تفسد صلاته.

[اللباس في الصلاة]:

20- **مسألة**: قال: ومن لم [يكن][7] معه من اللباس إلا جلود الميتة لم يصل عرياناً.

[الأوقات المنهي عنها للصلاة]:

21- **مسألة**: والأوقات [المنهي عنها][8] لصلاة النوافل، فأما الفرائض فيصليها عند ذكرها.

[اتجار الإمام في رعيته]:

22- **مسألة**: قال: الإمام الذي يتجر في رعيته لا يكون إماماً؛ قال الشاعر:

أُقِــيمَ لِإِصْــلَاحِ الْــوَرَى وَهْــوَ فَاسِــدٌ

وَهَــل يَســتَقيمُ الظِــلُّ وَالْعُــودُ أَعْــوَجُ

[محو اسم النبوة في الحديبية]:

23- **مسألة**: قال: إن سهيل بن عمرو هو الذي سأل النبي -صلى الله عليه- يوم الحديبية محو اسم النبوة من كتابه، فمحاه بيده؛ لمسألة المنافقين وما رآه مصلحة في الشريعة والدين.

[الشهادة بالعفو عن الدم ثم الرجوع عنها]:

24- **مسألة**: قال: وإذا شهد شاهدان على ولي الدم أنه عفا عنه ثم رجعا عن الشهادة، حكم للولي بالدم.

---

(7) غير واضحة ولعلها كذا.

(8) لعلها كذا.

[عن زواج أولاد آدم]:

25- مسألة: عن أولاد [آدم هل](9) كان ذلك بولي وشهود؟

فقال: ليس ذلك بمراعىً في جميع الشرائع [فإن في](10) شرائعنا أحكاماً لم تكن من شرائعهم، وفي شرائعهم أحكاما ليست في [شرائعنا وأن](11)، ذلك بحسب اقتضاء المصالح في كل وقت وزمان.

تمت ولله الحمد.

---

(9) ليست واضحة ولعلها كذا.
(10) ليست واضحة ولعلها كذا.
(11) ليست واضحة ولعلها كذا.

[مسائل الشريف زيد بن علي بن الحسين]

وأما مسائل الشريف الأجل رحمة الله زيد بن علي بن الحسين -[أيده](12) الله- التي يسأل عنها الشريف أبا الفتح الناصر بن الحسين بن الناصر -أعزه الله-:

بسم الله الرحمن الرحيم

[الملأ]:

1- **مسألة**: قال: الملأ: هم الجماعة من الأشراف، وهم الرؤساء الذين يملؤون عيون الرائين، وقيل: هم الذين يملؤون صدور المجالس.

[طالوت وتسميته]:

2- **مسألة**: قال: إنما سألوا داود ملكاً يقاتل [معهم](13) العمالقة والجبابرة، فبعث لهم طالوت ملكاً [عليهم](14)، ولم يسمه ملكاً ولا إماماً، ولم يكن من أسباط النبوة والملك، وإنما كان مخمول الذكر مجهول القدر، [وإنما](15) نسميه بما سماه الله به.

[قوله ـ تعالى ـ: ﴿وَفَضَّلَ اللَّهُ الْمُجَاهِدِينَ عَلَى الْقَاعِدِينَ﴾]:

3- **مسألة**: قال في قول الله -تعالى-: ﴿وَفَضَّلَ ٱللَّهُ ٱلْمُجَٰهِدِينَ عَلَى ٱلْقَٰعِدِينَ﴾(16): ليس بعام، وإنما هو خاص.

---

(12) ليست ظاهرة ولعلها كذا.

(13) ليست واضحة ولعلها كذا.

(14) مضاف استدراكاً على الأصل.

(15) ليست ظاهرة ولعلها كذا.

(16) النساء:95.

[الاصطفاء]:

4- **مسألة**: [والاصطفاء في البنوة مع ما يدل على الملازمة][17] في الدين، ورفعة المنزلة، وسمو الدرجة.

....[18].

[الكلام الذي سمعه موسى]:

5- **مسألة**: قال: الكلام الذي سمعه موسى عرض أحدثه الله في الشجرة [...][19].

وقوله: ﴿ تَكْلِيمًا ﴾[20] على التأكيد؛ لقرب الكلام من موسى [ودنوه][21] من سماعه.

[علة استحقاق الدية في البصر والسمع والعقل والصوت]:

7- **مسألة**: قال: والذي في ذهاب البصر والسمع والعقل والصوت من الديات وفيما يوجب القصاص إنما استحق ذلك الجاني في الحكم؛ لأنه فعل فعلاً كان سبباً لنفي تلك المعاني.

[قضاء أمير المؤمنين في أصحاب الزبية]:

8- **مسألة**: قال في حكم أمير المؤمنين بين أصحاب الزبية[22]: إنما استحق الأول ربع الدية؛ لأنه جنى على نفسه وعلى ثلاثة، واستحق الثاني ثلث الدية؛

---

(17) غير واضحة لعلها كذا.
(18) صفحتين لا يظهر النص فيهما لعيب في التصوير.
(19) كلمة غير واضحة.
(20) النساء:164.
(21) مكتوب: ودونه
(22) الزبية: حفرة.

لأنه جنى على نفسه وعلى اثنين، واستحق الثالث نصف الدية؛ لأنه جنى على نفسه وعلى واحد، واستحق الرابع الدية؛ لأنه لم يجن على أحد.

[عن قول النبي -صلى الله عليه-: ((لا يترك في الإسلام مفرج))]:

9- **مسألة:** عن قول النبي -صلى الله عليه-: **((لَا يُتْرَكُ فِي الإِسْلَامِ مُفْرَجٌ))**[23]؟

والمفرج: قال: هو الرجل يدخل في القوم وليس منهم، فيجب عليهم أن يواسوه ويعقلوا عنه.

والمفرح: قال: والمفرح: بالحاء، فهو الذي أثقله الدين، يقال: رجل أفرحه الدين، أي أثقله.

[ما روي من تلطيخ أغيلمة بني عبد المطلب]:

10- **مسألة:** عمَّا روي عن النبي -صلى الله عليه-: أنه كان يلطخ أغيلمة بني عبد المطلب ليلة مزدلفة، ويقول: **((أَيْ بَنِيَّ، لَا تَرْمُوا جَمْرَةَ الْعَقَبَةِ حَتَّى تَطْلُعَ الشَّمْسُ))**[24]؟

فقال: [اللطخ][25]: هو الضرب بالكف، والأغيلمة تصغير أغلمة، وهو من جمع القلة.

[عن قول النبي - صلى الله عليه-: ((من اطلع في بيت بغير إذن فقد دمر))]:

11- **مسألة:** عن قول النبي -صلى الله عليه-: **((مَنِ اطَّلَعَ فِي بَيْت بِغَيْرِ إِذْنٍ**

(23) غريب الحديث للخطابي ج3ص368.
(24) شرح معاني الآثار ج2ص217.
(25) مكتوب: الطخ.

فَقَدْ دَمَرَ))[26]، أي: فقد دخل، والدمور: هو الدخول.

[عن قوله النبي ـ صلى الله عليه ـ: ((لا تقتلوا العسفاء ولا الوصفاء))]:

12- **مسألة:** عن قوله -عليه السلام-: **((لَا تَقْتُلُوا الْعُسَفَاءَ وَلَا الْوُصَفَاءَ))**[27]؟

فقال: العسفاء: هم الأجراء، والأسيف: هو العبد، والوصيف: من لم يبلغ.

[النهي عن القرع]:

13- **مسألة:** في نهي النبي -صلى الله عليه- عن القرع ما هو؟

فقال: هو أن يحلق الرجل رأسه، ويترك منه موضعاً.

[عن حفر بئر في الطريق وهلاك رجل فيها]:

14- **مسألة:** عمَّن استأجر عبداً ليحفر له بئراً في طريق، فتردى فيها رجل؟ قال: إن كان العبد غير مأذون له فالجناية في رقبته، ويرجع صاحبه على المحتفر، وإن كان صاحب العبد أذن له سأله بجنايته.

[تولية أمير المؤمنين المدينة وعمرو بن العاص]:

15- **وذكر** في هذه المسائل: أن النبي -صلى الله عليه- ولى علياً المدينة لما غزا تبوك، وولى عمرو بن العاص في وقعة ذات السلاسل.

تمت هذه المسائل

يتلوها: اختصار جواب:

---

(26) مقاييس اللغة ج2ص300.

(27) مصنف ابن أبي شيبة ج6ص482.

مسائل عبيد بن يزيد الهزاني

قال الشريف أبو الفتح الناصر بن الناصر الحسين بن الناصر أيده الله:

[الدليل على وحدانية الله ـ تعالى ـ]:

1 – **مسألة**: الدليل على أن الله واحد: ﴿قُلْ هُوَ ٱللَّهُ أَحَدٌ ۝١﴾[28]، فلما جعل اللفظ بواحد، ولم يقيده بصفة [حوي غير ذاته][29]، ولو كان أكثر من واحد؛ لأدى ذلك إلى التمانع في الأفعال.

2 – **مسألة**: قال [........][30] واحد؛ لأن التثنية والجمع [..........][31].

[حقيقة القِدَم]:

3 – **مسألة**: قال: وحقيقة القِدَم: وجوب الوجود، والدليل على ذلك: إن الحوادث كلها منتهية إليه.

[العرجون القديم]:

4 – **مسألة**: قال: وما قيل في العرجون القديم فهو مجاز لا حقيقة.

[الدليل على كونه ـ تعالى ـ حياً]:

5 – **مسألة**: والدليل على كونه حيّاً: كونه قادراً عالماً.

[وجوه الحياة]:

6 – **مسألة**: قال: والحياة على ستة أوجه:

---

(28) الإخلاص:1.

(29) غير واضحة ولعلها كذا.

(30) غير ظاهرة.

(31) غير واضحة.

فوجه منها: هو نفخ الروح، وهو قوله -تعالى-: ﴿وَكُنتُمْ أَمْوَٰتًا فَأَحْيَٰكُمْ﴾(32).

والوجه الثاني: هو الاهتداء، وذلك قوله -سبحانه-: ﴿لِّيُنذِرَ مَن كَانَ حَيًّا﴾(33).

والوجه الثالث: هو البقاء، وهو قوله -سبحانه-: ﴿وَلَكُمْ فِى ٱلْقِصَاصِ حَيَوٰةٌ﴾(34).

والوجه الرابع: حياة الأرض بالنبات، وذلك قوله -تعالى-: ﴿فَسُقْنَٰهُ إِلَىٰ بَلَدٍ مَّيِّتٍ فَأَحْيَيْنَا بِهِ ٱلْأَرْضَ بَعْدَ مَوْتِهَا﴾(35).

والوجه الخامس: حياة عبرة قبل القيامة من غير رزق ولا أثر في الدنيا، وذلك قول عيسى -عليه السلام-: ﴿وَأُحْىِ ٱلْمَوْتَىٰ بِإِذْنِ ٱللَّهِ﴾(36)، وكان في ذلك عبرة لبني إسرائيل.

والوجه السادس: هو الحياة بعد الموت يوم القيامة، وذلك قوله: ﴿وَٱلسَّلَٰمُ عَلَىَّ يَوْمَ وُلِدتُّ وَيَوْمَ أَمُوتُ وَيَوْمَ أُبْعَثُ حَيًّا ﴿٣٣﴾﴾(37)، ولا موت بعد ذلك.

[حقيقة الغني]:

7- **مسألة**: قال: الغني: هو المستغني عن اجتلاب المنافع واستدفاع المضار

---

(32) البقرة: 28.

(33) يس: 70.

(34) البقرة: 179.

(35) فاطر: 9.

(36) آل عمران: 49.

(37) مريم: 33.

والاستعانة على الأفعال، وعمَّا يكون به قوام الذات، ولذلك لا يفعل بسبب، كما لا يفعل بآلة؛ لقوله -تعالى-: ﴿وَٱللَّهُ ٱلْغَنِىُّ وَأَنتُمُ ٱلْفُقَرَآءُ﴾(38).

[حقيقة العدل]:

8- **مسألة**: قال: العدل: هو الاستقامة، ولذلك سمي الباري عدلًا؛ لاتساق أقواله وأفعاله من غير زيغ ولا ميل.

[المعدل]:

9- **مسألة**: والمعدل: من عرف بهذه الصفة.

[حقيقة الصدق]:

10- **مسألة**: قال: الصدق: هو إيراد الشيء على مقتضاه، وسمي الباري صادقًا؛ لإيراد أقواله مجردة من الخلف، وإيقاع أفعاله على حسب استحقاق مستحقيها، وأصل ذلك في اللغة: الصلابة، يقال: رمح صدق، وصدقوهم القتال، ويسمى الصادق صادقًا؛ لتشدده وتصلبه في مجانبة الكذب، وسمى الله -تعالى- نفسه صادقًا؛ لقول الله -تعالى-: ﴿مَا يُبَدَّلُ ٱلْقَوْلُ لَدَىَّ﴾(39)، ولذلك صح صدقه في الوعد والوعيد.

[النبوة]:

11- **مسألة**: قال: ذكر أهل اللغة في النبوة إنها مشتقة من النبوة، وهي ما ارتفع من الأرض، وقالوا في الوجه الثاني إنها من النبأ، وهو الخبر، قال: ووجه الحكم هو أنه إذا علم الله -تعالى- أن لنا في بعض الأحوال مصلحة ومنها ما فيه مفسدة وجب بعثة الأنبياء -عليهم السلام- بتعريفها وتمييز بعضها من بعض؛

(38) محمد:38.
(39) ق:29.

إذ هو -تعالى- يريد استبقاء خلفاء، ولا وجه لبقائهم إلا بإتمام منافعهم وتعريف مصالحهم ومفاسدهم؛ فلهذه [الجملة][40] علمنا أن بعثة الأنبياء واجبة على الله، وأن النبوة منه؛ لعدم معرفة الأنبياء بمصالح [الناس][41]، وأن الشرط في تصديق النبي هو المعجز الخارق للعادة، وذلك ليس من مقدورهم، [وفي أن ليس][42] ذلك في مقدورهم دليل أنها من الله -تعالى-.

[ووجه][43] آخر وهو أن لا يجوز أن تكون مستحقة بالطاعات، ولو كانت كذلك لكان [من][44] قبل نبينا -صلى الله عليه- مطيعاً لله نبياً ممن كان على دين المسيح -عليه السلام-، وفيّ [مؤثراً] للطاعة والعبادة، وفي خلاف ذلك دليل على أنها ليست باستحقاق.

[اختيار الله بعض البشر على بعض]:

11- **مسألة**: قال: وأما اختيار بعض البشر على بعض فلمصلحة يعلم تمامها به لو كان غيره لصارت مفسدة، وأوجه المصلحة في اختيار جدنا -صلوات الله عليه وآله- أمياً؛ قال عزّ من قائل: ﴿وَمَا كُنتَ تَتْلُوا۟ مِن قَبْلِهِۦ مِن كِتَـٰبٍ وَلَا تَخُطُّهُۥ بِيَمِينِكَ ۖ إِذًا لَّٱرْتَابَ ٱلْمُبْطِلُونَ ﴿٤٨﴾﴾[45].

[العصمة]:

12- **مسألة**: قال: وأما العصمة: فهي لطيفة يمتنعون بها عن المعاصي مع

---

(40) لعلها كذا.

(41) غير واضحة ولعلها كذا.

(42) غير واضحة ولعلها كذا.

(43) غير واضحة ولعلها كذا.

(44) غير واضحة ولعلها كذا.

(45) العنكبوت: 48.

قدرتهم عليها.

[طاعات الأنبياء]:

13- **مسألة**: قال: وأما طاعتهم فهي أكثر من طاعة أممهم وأوفر وأنفع لهم؛ لإيقاعها على وجوبها، فلو كانوا مجبورين على الفعل المرضي لما استحقوا عليه ثواباً، وهذا بيِّن الفساد.

[تصحيح دعوى النبوة]:

14- **مسألة**: قال: وأما قول من قال: هل القرآن النبوة أو غيرها فكيف يكون ذلك، وإنما صحت النبوة وصدق صاحبها بالقرآن المعجز الخارق للعادة المطابق لدعوى الرسول عند التحدي، وهذا بيّن الاختلال.

[منصب الإمامة]:

15- **مسألة**: قال: وأما بالمستحقين من ذريته من ولد الحسن والحسين -عليهما السلام-، قال الله -عزَّ وجلَّ-: ﴿أَطِيعُواْ ٱللَّهَ وَأَطِيعُواْ ٱلرَّسُولَ وَأُوْلِي ٱلۡأَمۡرِ مِنكُمۡۖ﴾(46)، فأجمع أهل البيت أن هذه الآية فيهم.

وقالت الزيدية: إنها عامة في البطنين، وهو الصحيح.

وقالت الإمامية: هي في أعيان مخصوصين، وهو فاسد من وجوه ليس هذا موضع ذكرها.

قال: والوجه الآخر: ما هو من أفعال المستحق بعد الأصل المخصوص من العلم والزهد والسخاء والشجاعة، وذلك باجتهاد بحصول المدح على فعله، واجتناب الذم على تركه.

---

(46) النساء: 59.

[قوله تعالى عن عيسى: ﴿وَجَعَلَنِي نَبِيًّا﴾]:

16- **مسألة**: وقال في قول الله -تعالى- حكاية عن نبيه عيسى -عليه السلام-: ﴿وَجَعَلَنِي نَبِيًّا ۝٣٠﴾[47]: فيه وجهان:

أحدهما: أنه حكم لي بالنبوة.

والثاني: أمري يأول إلى النبوة، وذلك من خطابه لنبيه -عليه السلام-: ﴿إِنَّكَ مَيِّتٌ وَإِنَّهُم مَّيِّتُونَ ۝٣٠﴾[48]، ولم يكن -عليه السلام- في تلك الحال ميتاً.

[الحواس]:

17- **مسألة**: قال: وأما الحواس: فهي عبارة في اللغة عن الجوارح الخمسة.

[إدراك الحواس]:

18- **مسألة**: وأما الحقيقة في الإدراك فليست لها؛ لأن الإدراك يستحيل لبعض الآفات وتسلم الجوارح، فلو كانت الجارحة هي الحاسة لوجب أن يُدرك بها المدرك مع فسادها وآفتها، وفي هذا دليل أن السمع والبصر والشم والذوق واللمس خلاف الجوارح.

[أصل الجهة]:

19- **مسألة**: قال: وأصل الجهة في اللغة: هو الموجهة، وهي: كلما صح أن يتوجه إليه المتوجه من الأمكنة، وقالوا: إذا كان الجسم في جهة يعنون به المكان لو كان عرضاً لاستحال أن تحل فيها الأجسام؛ لأن الأعراض حَوَالٌّ لا مَحَالّ،

(47) مريم: 30.

(48) الزمر: 30.

وقالوا: لكل إنسان ست جهات: فوق وتحت، ويمين وشمال، ووراء وأمام، وهي غير محصورة، ولهذا جعل أهل اللغة هذه الجهات ظروفاً، فنصبوها في قولهم: (زيد قُدَّامَك، وعمرو وراءك، وجلس فلان يمينك، وأخذت يسارك، وخالد فوقك، والإنسان تحتك)، وقالوا: الفرق بين الأجسام والأعراض أن الأعراض تفتقر في الوجود إلى المحل، ولا يجب لها من البقاء ما للأجسام.

[حقيقة الأجسام]:

20 - مسألة: قال: والأجسام هي: انضمام الجواهر بعضها إلى بعض حتى تصير خطوطاً، ثم بانضمام جواهر أخر إليها تصير سطوحاً، ثم بانضمام جواهر أخر إليها تصير أجساماً.

[أهمية الأعراض]:

21 - مسألة: قال: ولولا الأعراض لما حصل معرفة الأجسام، ولولا الأجسام لم تتبين الأعراض.

[معرفة الأجسام بالأعراض]:

22 - مسألة: قال: وبالأعراض عرفت الأجسام، وبالأجسام استدل على الحدث.

[القرآن]:

23 - مسألة: قال: والقرآن عرض، وهو من مدركات السمع، والقارئ: هو الناطق بالقرآن، وهو جسم، وهو من مدركات البصر.

[النهي عن زواج الفساق]:

24 - مسألة: قال: ولا تحل مناكحة الفساق من شراب الخمر وغيرهم؛ لأن في ذلك مواصلة من قطعه الله ورسوله.

[أول خلق الله تعالى]:

25- **مسألة**: وقال: إن أول ما خلق الله الهواء، ثم خلق منه الماء، ثم خلق الريح والنار، ثم خلق آدم من الطين، وكذلك سائر الهوام والحشرات.

[التوسعة على الكافر في الدنيا]:

26- **مسألة**: وقال: إن الكافر الموسع عليه في الدنيا بالنعم ليس ذلك لاستحقاق لأمرين:

أحدهما: أنه عارٍ من العمل الذي يستحق به النعم الدنيوية.

والآخر: أن هذه الدار [ليست بدار](49) جزاء.

[إخراج الزكاة]:

27- **مسألة**: قال: ومن حصل له نصاب من الأموال التي تجب فيها الزكاة ويراعى في إخراجها الحول- وجب عليه إخراجها سواء أخذها من الزكاة أو لم يأخذها، وذلك في مثل الذهب والفضة والمواشي، فأما ما أخرجت الأرض فليس عليه فيه شيء؛ لأن الحول غير مراعًى فيه، واعتباره وإخراج الأرض.

[أصل الصيام]:

28- **مسألة**: قال: وأصل الصيام في اللغة: القيام مع السكوت، مع الامتناع من الطعام، يقال: (فرس صائم) إذا قام لا يصهل ولا يطعم، قال النابغة:

خَيـلٌ صـيامٌ وخيـلٌ غـيرُ صَـائمةٍ
تحْـتَ العَجـاجِ وَخَيـلٌ تعلُـكُ اللُّجُـمَا

قال: ثم استعير ذلك في الشرع لهذا الصوم المخصوص الذي هو الامتناع من الصائم عن الشراب وغيره.

---

(49) غير واضحة ولعلها كذا.

[حقيقة الحج]:

29- **مسألة**: قال: وحقيقة الحج: القصد، قال الشاعر:

[وَأَشْهَدَ مِنْ عَوْفٍ حُلُولًا كَثِيرَةً]
يَحُجُّونَ بَيْتَ الزِّبْرِقَانِ المُزَعْفَرَا

أي: يقصدونه، فاستعير في الشرع حتى جعل الوقوف بمشاعر مخصوصة ومناسك معلومة.

[حقيقية الصوت]:

30- **مسألة**: قال: وأما الصوت فهو فعل المصوت، وهو مفتقر إلى آلة ومخرج، والله يتعالىٰ عن ذلك.

[أصول الدين]:

31- **مسألة**: قال: وأصول الدين ثمانية: التوحيد، والعدل، والوعد، والوعيد، والنبوة، والإمامة، والولاء، والأمر بالمعروف، والنهي عن المنكر.

قال: وما دون ذلك مما يتأخر معرفته فمثل الصلاة والزكاة والصيام والحج والجهاد، وصلة الرحم وبر الوالدين، ومواساة الأخ في الله وأن ترضىٰ له ما ترضىٰ لنفسك، والنصيحة لصاحب وقتك[50]، وهذه الأصول كلها مرادة لله - تعالىٰ-، وهي من فعل المخلوقين.

[حاسة الحفظ والذكر]:

32- **مسألة**: قال: وللحفظ حاسة وللذكر حاسة، والدليل علىٰ ذلك: أن الإنسان العاقل قد ينسىٰ الشيء في حال غفلة، ثم يذكره من بعد مع سلامة

(50) أي الإمام القائم.

العقل في الأمرين، فعلمنا أن هنالك معنًى غير العقل، وكذلك نقول في الحفظ.

[وجود الجوهر]:

33 - مسألة: قال: والجوهر إذا وجد لا بد أن يكون على صفة، وتلك الصفة لا سبيل إلى معرفتها إلا به.

[حقيقة التغير في الماء]:

34 - مسألة: قال: والتغير الذي يصيب الماء عرض يحله من تربة الأرض أو طول الاستعمال.

تمت المسائل

اختصار جواب مسائل الشريف القاسم بن العباس

[التفاضل في معرفة التوحيد]:

1 - **مسألة**: قال: يجوز أن يكون بين الخلق تفاضل في معرفة التوحيد، وإن كان كل واحد يسمى موحدًا، على حسب انكشاف الدلالة لكل عارف.

[ما لا يسع جهله من أصول الدين]:

2- **مسألة**: قال: ولا يسع أحداً جهل علم أصول الدين وما تُعبِّدَ به من فروعه.

[أفعال العباد]:

3- **مسألة**: وأفعال العباد أعراض.

[قدرة الله تعالى]:

4- **مسألة**: قال: قدرة الله -تعالى- على المعدوم والموجود وعلى الشيء وضده.

[الموت]:

5- **مسألة**: قال: والموت معنى تنتفي بوجوده الحياة.

[اقتضاء العلة والسبب]:

6- **مسألة**: قال: والعلة تقتضي المعلول، والسبب لا يقتضي المسبب.

[التفاضل في الأرزاق بين العقلاء]:

7- **مسألة**: قال: ويجوز التفاضل بين العقلاء في أرزاقهم؛ لقوله -تعالى-: ﴿نَحْنُ قَسَمْنَا بَيْنَهُم مَّعِيشَتَهُمْ فِي الْحَيَوٰةِ الدُّنْيَا وَرَفَعْنَا بَعْضَهُمْ فَوْقَ بَعْضٍ دَرَجَٰتٍ لِّيَتَّخِذَ بَعْضُهُم بَعْضًا سُخْرِيًّا﴾(51).

(51) الزخرف: 32.

[التفاضل في العقول]:

8- **مسألة**: قال: ليس في العقول دليل على جواز التفضيل في العقول بين الخلق، والعقول معاني يميز بها الحسن من القبيح، ولا يقع هذا التمييز إلا عند الإدراك، ويجوز أن يؤتي الله [تلك المعاني[52]] الأنبياء والأئمة لطفًا منه لهم.

[طاعة الله ومعصيته]:

9- **مسألة**: قال: ومن أطاع الله كان سعيداً، ومن عصاه فهو المنحوس.

[أفعال الله تعالى وأفعال عباده]:

10- **مسألة**: قال: وكل محبة أو بغض على سبب [منهم][53] فهو لفعل العباد، وما كان لغير سبب فهو مضاف إلى الله -تعالى-، وفي ذلك مصلحة يصلحان بها، ولولا هي ما صلُحا.

[الإخلاص]:

11- **مسألة**: قال: والإخلاص أن يعمل العبد لله لا يريد به غيره.

[التوفيق والتسديد]:

12- **مسألة**: قال: والتوفيق والتسديد نوعان لطيفان يجتلب بهما المؤمن العصمة، وهما عرضان.

[الرعب]:

13- **مسألة**: قال: والرعب معنى يحدثه الله في القلب؛ لينصر الله به نبيه -صلى الله عليه-.

---

(52) غير ظاهرة ولعلها كذا..

(53) غير واضحة ولعلها كذا.

[قوله تعالى: ﴿وَيُنَزِّلُ مِنَ السَّمَاءِ مِن جِبَالٍ فِيهَا مِن بَرَدٍ﴾]:

14 – **مسألة**: قال: وأما قول الله –تعالىٰ–: ﴿ وَيُنَزِّلُ مِنَ ٱلسَّمَآءِ مِن جِبَالٍ فِيهَا مِنۢ بَرَدٍ﴾(54)، أن تقدير الكلام وننزل من السماء برداً من جبال فيها، ويجوز فيه وجه آخر أن يكون التقدير وننزل جبالاً من السماء من برد فيها.

[الآفات]:

15 – **مسألة**: قال: وأما ما أصاب البرد فهو محنة وعقوبة، وما أكله الجراد من الزرع والنبات فبأمر الله –تعالىٰ–.

[عتق الفاسق والأشل والصبي والمجنون]:

16 – **مسألة**: قال: والفاسق والأشل والصبي والمجنون عتقهم جائز في كفارة اليمين.

[اللغو]:

17 – **مسألة**: قال: اللغو: كل كلام قبيح مهجور، وهو من اللَّغا، قال الشاعر:

[ورُبَّ أَسْرابِ حَجيجٍ كُظَّمِ
عن اللَّغا ورَفَثِ التكَلُّمِ]

[قوله ـ تعالى ـ: ﴿وَالنَّازِعَاتِ غَرْقاً﴾]:

18 – **مسألة**: وقال: ﴿وَٱلنَّٰزِعَٰتِ﴾(55) هي السحب، ﴿غَرۡقٗا ١﴾ أي إبعاداً في النزع، قال: ﴿وَٱلنَّٰشِطَٰتِ﴾(56) هي النجوم التي تنشط من مطالعها إلىٰ مغاربها، وقيل: هي الوحوش تنشط من بلدٍ إلىٰ بلد كما الهم ينشط من بلد إلىٰ

(54) النور: 43.

(55) النازعات: 1.

(56) النازعات: 2.

أخرى، قال الشاعر:

أَمْسَــــتْ هُمُــــومِي تَنْشِـــطُ المُنَاشِـــطَا
الشَّـــامَ بِي طَـــوْرًا وَطَـــوْرًا وَاسِـــطَا

وقال: ﴿وَٱلسَّـٰبِحَـٰتِ﴾(57): هي النجوم هي التي تسبح في أفلاكها، وقيل: هي الخيل، و﴿السَّابِقَاتِ﴾(58) قيل: هي الملائكة تسبق الشياطين بالوحي إلى الأنبياء -عليهم السلام-، وقيل: أيضاً هي الخيل، و﴿الْمُدَبِّرَاتِ أَمْرًا﴾(59) [النازعات:5] قال: هي الملائكة.

قال: وهذا كله يجوز؛ لاحتمال اللغة، وقال: إن الله زيَّن لعباده ما كلفهم من أعمال الطاعات، فمن تركها عمه عن حسنها، وعمه بمعنى تحير، وبمعنى تردد، وبمعنى عمي.

[النبوة والإمامة]:

19- **مسألة**: وقال: [.......](60) والنبوة والإمامة والإعزاز إعزاز الله لأوليائه، حكمه بهم بذلك، [والإذلال إذلال](61): أعداء الله حكمه عليهم بذلك.

[النعاس]:

20- **مسألة**: وغشَّى الله أصحاب النبي -صلى الله عليه- النعاس ليدعوا به عن نزول ما خامر قلوبهم من أمر المشركين.

قال: وهو في غير هذه الحال من أفعال العباد بإسكان الجوارح من الحركات

(57) النازعات: 3.
(58) النازعات: 4.
(59) النازعات: 5.
(60) غير ظاهرة.
(61) غير واضحة ولعلها كذا.

والتردد والمجيء والذهاب.

﴿لَبَرَزَ ٱلَّذِينَ كُتِبَ عَلَيۡهِمُ ٱلۡقَتۡلُ﴾(62)، قال: يجوز أن يجعل الله لهم أجلين، أجلاً إن قتلوا، وأجلًا إن لم يقتلوا، كما جعل لقوم يونس أجلين: أجلاً إن آمنوا، وأجلًا إن كفروا.

[الكتب]:

21- **مسألة**: قال: والكتب معناه الجمع، ومن ذلك سميت الكتيبة كتيبة؛ لاجتماعها، قال الشاعر:

لا تـــأمنن فزاريـــاً خلـــوت بهـــا

عـــلى قلوصـــك واكتبهـــا بأســـيار

أي: واجمعها.

[النص على أمير المؤمنين]:

22- **مسألة**: قال: وقد نص الله على أمير المؤمنين -عليه السلام- بالآية: ﴿إِنَّمَا وَلِيُّكُمُ ٱللَّهُ وَرَسُولُهُۥ وَٱلَّذِينَ ءَامَنُواْ ٱلَّذِينَ﴾(63)، ونص عليه الرسول في العقول بالمؤاخاة، ونص عليه بالقول يوم الغدير ويوم تبوك ويوم خيبر وفي خبر الطائر، وقال الشافعي(64): «لو لم يكن علي ما كان لفاطمة كفواً غيرُه».

[الأخذ من أصناف الزكاة]:

23- **مسألة**: قال: من أراد أن يأخذ من الزكاة من كل صنف شيئاً يسيراً أخذ منها ما إذا قُوِّمَ لم يبلغ نصاباً.

---

(62) آل عمران: 154.

(63) المائدة: 55.

(64) محمد بن إدريس الشافعي، إمام الشافعية، المتوفى سنة 204هـ.

[الدين المنفق في المعصية]:

24 - مسألة: قال: ولا يقضي من الزكاة ديناً أنفقه في معصية.

[وجوب الزكاة والخراج في نجران]:

25 - مسألة: وقال: إنه يجب في أرض نجران اليوم الزكاة والخراج.

[ما يفسد الصيام]:

26 - مسألة: قال: ومن ابتلع ما يغذوا البدن عامداً قضى الصيام، وإن كان ناسياً لم يقض.

[الحج عن الغير]:

27 - مسألة: قال: والصرورة لا بأس أن يحج عن غيره إذا كانت له ضرورة.

[ترك الحج مع الاقتدار عليه]:

28 - مسألة: قال: ومن ترك الحج وهو يقدر عليه فليمت يهودياً أو نصرانياً، فإن استحل تركه لم يقبر في مقابر المسلمين.

[خطأ المستأجر في الحج]:

29 - مسألة: قال: ومن استؤجر في حج وأخطأ الموقف أنه إن كان في العين لم يلزمه قضاء، وإن كان في الذمَّة لزمه القضاء.

[طلاق السكران]:

30 - مسألة: قال: وقال الناصر الحسن بن علي -عليه السلام-: إن طلاق السكران لا يلزم؛ لقول رسول الله -صلى الله عليه-: ((لَا طَلَاقَ فِي إِغْلَاقٍ))(65).

---

(65) شرح مشكل الآثار ج2 ص126.

[المخالعة من زواج فاسد]:

31- **مسألة**: قال: ومن خالعته زوجته، ثم صحَّ لها بعد ذلك أنها أخته من الرضاعة- وجب لها عليه صداقها؛ بما استحل منها.

[الزواج بامرأة حامل]:

32- **مسألة**: قال: ومن تزوج مَرَةً فوجدها حاملًا- انفسخ النكاح، فإن كان قد دخل بها لزمه [الصداق][66]، فإن تعمَّد ذلك الولي عُزِّرَ.

[زواج العربية من غير العربي]:

33- **مسألة**: قال: وإذا تزوج المَرَةَ العربية غير [عربي][67] انفسخ النكاح، ولزم المهر بعد الدخول.

[عجز المظاهر عن الكفارة]:

34- **مسألة**: قال: ومن ظاهر فلم يقدر على شيء من الكفارات كانت في ذمته.

[سقوط الحضانة عن الأم]:

35- **مسألة**: وإذا [....... ....][68] بالحضانة وتزوجت أمه لم يكن لها بعدُ حضانته.

[بيع المضامين والملاقيح]:

36- **مسألة**: وقال: ومعنى [المضامين][69] هو بيع نتاج ما في البطن،

(66) غير واضحة ولعلها كذا.
(67) غير واضحة ولعلها كذا.
(68) غير ظاهر.
(69) غير واضحة ولعلها كذا.

والملاقيح: بيع ما في البطون.

[بيع الحاضر بالغائب]:

37- مسألة: [................................](70) الحاضر بالغائب.

[نجاسة الحربي والذمي والمشبه والمجبر]:

38- مسألة: قال: والحربي والذمي ومن [.....................](71) والتشبيه ونسب إليه القبائح إذا أدخلوا أيديهم في الماء، [...............](72) نجسوه، وذلك ما يكون في الآنية.

[الطهارة بغير الماء]:

39- مسألة: قال وكذلك [الشرب](73)، قال: لا تجوز الطهارة بالأنبذة؛ لقوله -تعالى-: ﴿فَلَمْ تَجِدُوا مَاءً فَتَيَمَّمُوا صَعِيدًا﴾(74)، اقتضى عند عدم الماء إلى التراب، فمن جعل آخراً يقوم مقامهما من غير نص من الكتاب فقد خالف حكمه وترك أمره.

[ما يوجب الضمان]:

40- مسألة: والذي يوجب ضمان الرهن أن المرتهن لم يأمن الراهن على ماله، فلما كان ذلك ضمن المرتهن.

---

(70) غير ظاهر.
(71) غير ظاهر.
(72) غير ظاهر.
(73) غير واضحة ولعلها كذا.
(74) النساء: 43.

[أيمان البيعة]:

41 - مسألة: قال: وليس على من حلف بأيمان البيعة كفارة.

***

تمت المسائل

والحمد لله رب العاملين